Die ersten 30 Jahre: was ich schon geschafft habe und was noch ansteht

	Erledigt	Steht an	Kein Interesse
Kind(er)			
Heirat			
Scheidung			
Haus bauen			
Uni-Abschluss			
Meisterprüfung			
Totalschaden			
Weltreise			
Spielsachen			
Selbstständigkeit, eigene Firma			
Gefeuert werden			

Die ersten 30 Jahre: was ich schon geschafft habe und was noch ansteht

	Erledigt	Steht an	Kein Interesse

Flirten
Gos und No~gos

Gut:

✓ Aufmerksames Zuhören,
  Augenkontakt
✓ Deutlich sprechen
✓ Feiner Humor

Nix gut:

✗ Ungepflegtes Äußeres, Finger im
  Gesicht (deinem oder ihrem)
✗ Smartphone checken
✗ Genuschelte Monologe und
  dumme Sprüche

(Rückseite beachten)

Blitzdating

Stell die Stoppuhr auf 90 Sekunden und schreib auf,
was du über dich erzählen würdest.

WITZE

Treffen sich drei Achtzigjährige. Der erste klagt: „Meine Arme lassen langsam nach – ich kann mir kaum noch die Zähne putzen." Meint der nächste: „Zähneputzen geht noch, aber die Beine lassen nach. Einkaufen geht nicht mehr." Darauf der dritte: „Was soll ich erst sagen? Heute Nacht wollte ich meine Alte knallen. Sagt sie: ‚Du seniler Depp! Du warst doch erst vor 10 Minuten auf mir!' Jungs, mein Gedächtnis lässt echt nach!"

Telefonische Stellenbewerbung in einer Escort-Agentur: Frage: „Wie alt sind Sie?" Bewerberin: „29 Jahre und ein paar Monate." – „Hm. Wie viele Monate?" Bewerberin: „138 ..."

Kommt ein Schwuler an eine Tankstelle und steckt sich den Zapfhahn in den Arsch. Empört sich ein Kunde: „Das ist doch nicht normal!" Darauf der Schwule: „Stimmt. Ist super!"

Ein werdender Vater fragt seinen Arzt, wie es während der Schwangerschaft mit dem Sex aussehe. „Im ersten Drittel ganz normal, im zweiten Drittel sollten Sie zur Hundestellung übergehen und im letzten Drittel dann nur noch die Wolfsstellung." Der Mann fragt ratlos: „Die Wolfsstellung? Wie geht die?" „Ganz einfach: Sie legen sich neben das Loch und heulen."

So einen Bart könnte ich tragen ...

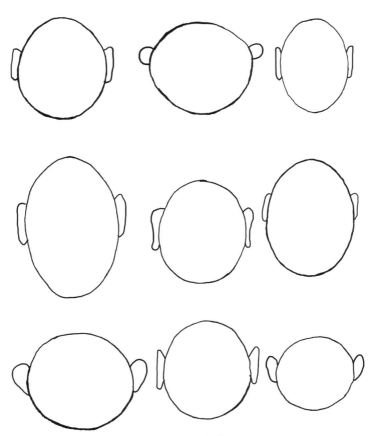

(Fortsetzung Rückseite)

... und so dürfte er auf keinen Fall aussehen

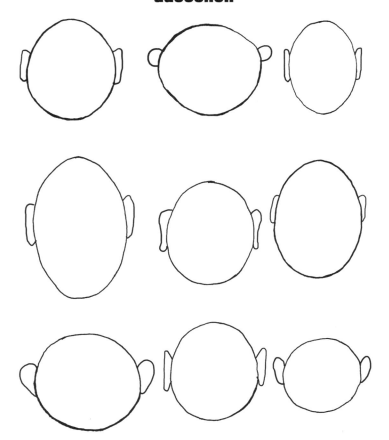

Zwischenbilanz

Meine 7 wichtigsten Beziehungen

Name	Wann und wo kennengelernt	Wie lange ging's?	Das war toll an und mit ihr (ihm)

Und das war nicht so toll:

Name	Darüber haben wir immer gestritten	Sie (Er) wollte ständig ...	So lief die Trennung

TRAUMURLAUB
Wo wolltest du schon immer mal hin?

Meine Karriere –
von Pokal bis Promotion
Meine Abschlüsse, Auszeichnungen, Titel usw.

Was?	Wann?	Wie gut?

Was ich noch erreichen will

....

....

....

....

....

....

....

....

....

....

....

....

....

....

....

....

....

....

Ach, war das früher schön …!

Worauf ich allmählich verzichten sollte, weil es zu Dreißigjährigen nicht mehr passt (z. B. Komasaufen, S-Bahn-Surfen, pubertäres Rumalbern …).

Meine Vorbilder

Es gibt tolle Männer – unter Promis, in
der Literatur oder im Film und natürlich
im Familien- und Bekanntenkreis.
An wem orientierst du dich?

Toller Mann ...	... weil:

Gibt es auch negative Vorbilder, also abschreckende Beispiele?
Die gehören auf die Rückseite!

Typen, die für mich das Gegenteil von Vorbildern sind

Scheiß-Typ ...	... weil:

MEIN VEREIN

Für wen schlägt am Wochenende dein Herz?

Zeichne das Wappen/Logo deines Vereins!

Wie sind die Trikotfarben (Heimspiele)?

Wie heißt das Maskottchen?

Wie ist die aktuelle Stammelf?

Torwart:

Linksverteidiger:

Innenverteidigung:

Rechtsverteidiger:

Doppel-Sechs:

Offensives Mittelfeld:

Angriff:

Wie Dagobert bin ich?

Zeichne drei Geldsäcke.

Der erste steht für das, was du dringend zum
Leben brauchst.

Der mittlere steht für deine aktuelle Finanzlage.

Der dritte steht für das, was du dir finanziell wünschst.

Wenn ich was zu sagen hätte ...

Stell dir vor, du wärst der Schiedsrichter deines
Lebens (Job, Familie, Beziehung, Politik, Sport etc.)
Wem würdest du gerne die Gelbe Karte zeigen?
Und wem die Rote?

Der weg nach Hause

KOPFRECHNEN

Hier geht es nicht nur um das richtige Ergebnis,
sondern auch ums Tempo.
Pro Aufgabe hast du 30 Sekunden.

A $3.030 : 3 + (30.330 - 987) \times 3 =$

B $30^2 + (30.303 - 30.030) \times 3 =$

C $(9 \times 8 \times 6 \times 5 + (7 \times 4) + 2) : 30 =$

D $(98.765 - 4.321 : 2 - 2.222) : 1.500 =$

(Lösungen auf der Rückseite; erst nach Lösen aller
Aufgaben nachschauen!)

Lösungen

A) 91.059
B) 3.519
C) 73
D) 30

Profilierungssucht

Schreibe Profiltexte über dich für ...

... ein Jobportal

... ein Datingportal

(Fortsetzung Rückseite)

Schreibe einen Profiltext ...

... mit dem du deine Kumpels zum Lachen bringst

Was für ein Kollegen-Typ bin ich?

Kreuze das zu dir Passende an.

○ Verlässlich

○ Engelsgeduld

○ Schiss vorm Scheff

○ Kumpel

○ Morgen reicht auch

○ Diskret

○ Kollegial

○ Kantine

○ Betriebsrat

○ Schlurig

○ Wutanfall

○ Große Klappe

○ Distanziert

○ Streber

○ Klatschmaul

○ Mir schenkt auch keiner was

○ Restaurant

○ Abteilungsleiter

Weise Männer sprachen ...

Wenn ich die See seh, brauch ich kein Meer mehr.
Shakespeare

„Die Frauen verlangen Unmögliches:
Man soll ihr Alter vergessen, aber sich
immer an ihren Geburtstag erinnern."
Karl Farkas

Man sollte eigentlich im Leben niemals
die gleiche Dummheit zweimal machen,
denn die Auswahl ist so groß. **Bertrand Russell**

Ich versuche seit Jahren, meine Sorgen zu
ertränken – aber ich habe das Gefühl, die
Scheißdinger können schwimmen!
(Unbekannt)

Am Montag im Büro geht's mir immer wie Robinson
auf seiner Insel: Ich warte auf Freitag.
(Unbekannt)

QUIZ

Wie viel weißt du über die 90er-
und Nuller-Jahre, in denen du
groß geworden bist?

1 Nenne je zwei Bundeskanzler und Bundes-
präsidenten aus den letzten 30 Jahren.

2 Nenne drei deutsche Fußballmeister aus den
letzten 30 Jahren außer Bayern München, mit
dem Jahr der Meisterschaft.

3 Nenne fünf Nummer-1-Hits (deutsche Charts)
der letzten 30 Jahre, mit dem Jahr der
Nummer-1-Platzierung.

4 Nenne fünf Tatortkommissare der letzten
30 Jahre, mit Einsatzort, Schauspieler- und
Rollenname.

Lösungen

1: Kanzler: Helmut Kohl (1982-1998), Gerhard Schröder (1998-2005), Angela Merkel (2005-Redaktionsschluss).
Präsidenten: Carl Carstens (1979-1984), Richard v. Weizsäcker (1984-1994), Roman Herzog (1994-1999), Johannes Rau (1999-2004), Horst Köhler (2004-2010), Christian Wulff (2010-2012), Joachim Gauck (seit 2012).

2: Hamburger SV (1982 und 1983), VfB Stuttgart (1984, 1992, 2007), Werder Bremen (1988, 1993, 2004), 1. FC Kaiserslautern (1991 und 1998), Borussia Dortmund (1995 und 1996, 2002, 2011 und 2012), VfL Wolfsburg (2009).

3 + 4: Schau nach im Internet!

Stell dir vor, dein Akku ist leer ...

**... und du hast das starke Gefühl,
dass heute jemand Wichtiges
Geburtstag hat.**

Schreib alle Leute auf, deren
Geburtstag du auswendig weißt.

Wer?	Geburtstag	Wie alt?

Fortsetzung Geburtstagsliste

Wer?	Geburtstag	Wie alt?

Zwitscher, zwitscher

Denk dir drei lustige Tweets aus –
mit jeweils exakt 140 Zeichen.
Leerzeichen und Satzzeichen zählen mit.

1 _____

_____

_____

_____

_____

2 _____

_____

_____

_____

_____

(Fortsetzung Rückseite)

Fortsetzung Gezwitscher

3_____

_____

_____

_____

_____

Quiz: Berühmte Dreißiger

Was taten berühmte Menschen mit 30? Die Promis unten sind evtl. der falschen Tätigkeit zugeordnet. Verbinde sie durch Linien mit der richtigen.

Wer?	Was?
W. A. Mozart	Im Sarg liegen
Winston Churchill	Einen Sohn bekommen
Manfred Krug	Urteile fällen
Daniel Craig	Konzerte geben
Amy Winehouse	Vom Kindermädchen träumen
Lenin	Zu den Liberalen übertreten
Guido Westerwelle	Eine Verschwörung anzetteln

Lösungen

Wolfgang Amadeus Mozart wurde 1786 Vater eines Sohns.

Winston Churchill trat 1904 von den Konservativen zu den Liberalen über.

Manfred Krug war neben seiner Schauspielkarriere einer der bekanntesten Jazzmusiker der DDR und gab 1967 viele Konzerte.

Daniel Craig spielt im Film „Elizabeth" von 1998 einen Jesuitenpater, der die Verschwörung gegen Elizabeth I. anführte.

Amy Winehouse erlebte ihren 30. Geburtstag nicht.

Wladimir Uljanow wählte den Decknamen „Lenin" im Jahr 1900 - angeblich in Erinnerung an sein Kindermädchen Lena.

Guido Westerwelle beendete 1991 sein Referendariat am Bonner Land- und Amtsgericht.

Permanenter Einkaufszettel für Frauenzeugs

Einkaufen ist für Männer an sich schon stressig. Wenn dann noch rätselhafte Bestellungen der Partnerin dazukommen, wird es wirklich schwierig ...
Füll die Felder mit Hilfe deiner Partnerin aus und steck das Blatt in die Brieftasche.

Was	Genaue Bezeichnung	Farbe	Welches Regal
Binden			
Tampons			
Shampoo			
Deo			
Abschminktücher			
Wattestäbchen			
Nagellackentferner			
Bodylotion			

(Fortsetzung Rückseite)

Permanenter Einkaufszettel für Frauenzeugs

Was	Genaue Bezeichnung	Farbe	Welches Regal
Parfum (als Geschenk)			
Prosecco			
Zigaretten			
Süßigkeiten			
Kaugummis			
Knabberzeugs			

Woran ich noch denken muss